Les Cupcakes de Chloé.S

et recettes gourmandes

Photographies des recettes de la cupcakerie : Chloé Saada
Stylisme : Chloé Saada et AnneCé Bretin
Illustrations : Seyrane Boulekbache

hachette
CUISINE

Si tu veux le beurre
et l'argent du beurre
que tu te sens en sucre,
que t'as le nez dans la farine,
ne mets pas tes œufs
dans le même panier,
mange un cupcake!

Cupcakes et belles gourmandises

Chloé.S

Généreuse. À n'en pas douter, c'est le qualificatif qui s'accorde le mieux à Chloé Saada...

À tout juste 30 ans, cette jeune femme à la gouaille réjouissante et au look délicieusement rétro est la nouvelle reine de la pâtisserie française grâce à ses cupcakes qui s'arrachent comme des petits pains. Un pari un peu fou pour cette graphiste et photographe de formation, qui a tout plaqué il y a tout juste 3 ans pour se lancer dans l'aventure des cupcakes.

Tout commence un jour de printemps 2009. Lassée des aléas de sa carrière free-lance de directrice artistique, Chloé se lance dans la confection de cette gourmandise made in US alors encore peu connue dans l'Hexagone : le cupcake.

Elle court présenter sa première fournée à son QG de l'époque, l'hôtel Amour, qui propose les cupcakes à ses clients à l'heure du thé. Le succès est immédiat : Chloe's Cupcakes est né !

En mai 2010, elle ouvre une boutique pour offrir un écrin à ses douceurs... et quel écrin ! Nichée dans une petite rue du quartier de Pigalle, sa cupcakerie est une véritable ode à la gourmandise. Murs roses et robots ménagers assortis, jolies cloches de verre qui renferment les plateaux de ses innombrables cupcakes... La boutique se dévore elle aussi des yeux !

Celle qui érige le « fun » en art de vivre y propose chaque jour des recettes différentes, élaborées selon les produits de saison et ses envies. Ce qui ne l'empêche pas de prendre un soin tout particulier à confectionner des spécialités sans sucre ajouté ou sans gluten pour ceux qui, comme elle, souffrent de contraintes alimentaires.

Les noms de ses cupcakes ne sont pas en reste. Leurs appellations sont aussi réjouissantes que leur créatrice : Marylin, un délicieux cupcake marbré vanille et chocolat, côtoie ainsi Joséphine, un cupcake à la banane, aux pépites de chocolat et à la pâte à tartiner choco-noisette, ou bien encore Tic et Tac, un cupcake noix, noisettes et caramel au beurre salé.

Dire que les gourmands de tout poil s'arrachent ses cupcakes est bel et bien un euphémisme !

Mais le talent de Chloé ne s'arrête pas à ses pâtisseries. À l'heure où les régimes battent leur plein et où la tendance est au contrôle à outrance, Chloé s'inscrit en faux et assène, imperturbable, qu'on a le poids de sa gourmandise et qu'il faut l'accepter. Silhouette voluptueuse et look rétro inspiré des 50's, Chloé est une vraie gourmande. Et de poursuivre : « Mes kilos en trop, j'ai accepté de vivre avec. J'évite juste de mettre des robes trop moulantes. Faire un 36, ça ne se mérite pas, c'est un héritage ! Alors arrêtez de vous restreindre et assumez vos jolies formes et votre gourmandise ! »

Son talent et sa philosophie jubilatoire n'ont pas échappé à Jean-François Piège. Lors d'une interview donnée au *Journal du Dimanche*, ce dernier cite la cupcakerie de Chloé dans ses bonnes adresses gourmandes de brunch. Touchée par sa gentillesse, elle lui fait porter une boîte de ses fameux cupcakes. La suite, vous la découvrirez dans cet ouvrage puisque le chef a mêlé son talent à celui de Chloé pour élaborer deux recettes de cupcakes sucrés inédites.

Il ne me reste plus qu'à vous souhaiter une bonne incursion dans le monde merveilleux des *Cupcakes de Chloé.S* !

Delphine Desneiges
www.deedeeparis.com

J'ai souhaité écrire ce livre de recettes car, pour moi, la cuisine est un héritage qui se partage, qui s'échange et qui se vit. Tous les secrets de ma cupcakerie seront ainsi révélés ici.

Vous allez découvrir, à travers quatre grandes parties, mes meilleures recettes de cupcakes, whoopies, gâteaux de fête ou de brunchs, ainsi que deux recettes inédites pensées avec le célèbre Jean-François Piège.

Comme j'ai souhaité n'oublier personne et que chacun mérite d'être gourmand, vous trouverez aussi une recette sans gluten, une autre sans sucre, vegan ou encore allégée.

Pour moi, la cuisine est indissociable de la musique. J'ai donc pensé à associer une chanson différente à chaque recette. Ainsi, à chaque page, vous aurez le titre d'une célèbre chanson que j'aime écouter lors de mes préparations et inventions.

Comme un gâteau s'admire autant qu'il se déguste, je mets un point d'honneur à ce que mes créations soient aussi belles que bonnes. Leur décoration prend donc une place très importante dans mes recettes. Retrouvez en fin d'ouvrage toutes les adresses shopping utiles pour préparer, décorer et magnifier vos gourmandises.

Photographe de formation, je tenais à illustrer moi-même les recettes.

Pour conclure, je n'aurai qu'une question : Pourquoi un cupcake est-il sexy ?... Parce que, sans son topping, il est topless !

Chloé.S

COURS DE CUPC
le Samedi
à 18 H
GLOSS CUPCAKE
5€
BOUGIE CUPCAKE
4,50€
SUCETTE = 50cts

Sommaire

Cupcakes, whoopies
et autres merveilles sucrées

Barbie

Cupcakes framboise et pralines roses

*Le cupcake Barbie est comme la cupcakerie... tout rose !
Il nous fait retomber en enfance avec son doux parfum de framboise
et sa jolie couleur. Un parfait goûter girly !*

Ingrédients

pour 15 cupcakes :

♥

Base

1 yaourt nature entier
3 pots de yaourt de farine
1 sachet de levure chimique
4 œufs
1,5 pot de yaourt de sucre en poudre
125 g de beurre demi-sel mou
200 g de framboises (surgelées ou fraîches) légèrement écrasées à la cuillère
100 g de pralines roses concassées
Quelques gouttes de colorant alimentaire rose

♥

Topping

400 g de cream cheese
4 cuil. à soupe bombées de sucre glace
Quelques gouttes d'arôme de framboise liquide
Quelques gouttes de colorant alimentaire rose
Décoration : pralines roses, fraises Tagada®, pépites de sucre coloré

Préparation

1 Préchauffez le four à 165 °C (th. 5-6). Dans le bol d'un robot ménager (ou dans un simple bol), versez les ingrédients suivants, dans l'ordre et sans mélanger : le yaourt, la farine, la levure, les œufs, le sucre en poudre et le beurre. Actionnez le robot (ou le fouet électrique) afin de bien mélanger le tout.

2 Ajoutez les framboises, les pralines roses et quelques gouttes de colorant alimentaire rose (attention, il ne faut pas trop en mettre, une pointe de couteau suffit) et mélangez.

3 Disposez des caissettes en papier dans des moules à muffins, puis versez la pâte préalablement obtenue aux trois quarts des moules. Enfournez les cupcakes pour 25 min de cuisson, puis laissez-les refroidir.

Topping

1 Dans un petit saladier, mélangez le cream cheese avec le sucre glace, quelques gouttes d'arôme de framboise et un peu de colorant alimentaire rose.

2 Transvasez ce mélange dans une poche à douille avec un embout en forme d'étoile. Décorez-en les cupcakes. Parsemez ensuite de la décoration de votre choix (bonbons, pralines roses, etc.) avant de les déguster.

♪ « Supercalifragilisticexpialidocious », Mary Poppins ♪

Whoopies vanille, cœur de pâte à tartiner choco-noisette

Ces whoopies ont le même effet qu'une madeleine de Proust.
Ils ressemblent aux gâteaux de notre enfance, on peut les séparer en deux pour les manger, commencer par attaquer les bords ou encore croquer dedans à pleines dents !

Ingrédients

pour 30 whoopies :

♥

Base

500 g de farine
1 sachet de levure chimique
3 œufs
150 g de sucre en poudre
125 g de beurre mou
1 pincée de sel
2 sachets de sucre vanillé
1 cuil. à café d'extrait de vanille

♥

Garniture et décoration

1 pot de pâte à tartiner chocolatée aux noisettes
Un peu de chocolat noir fondu
Quelques décors en sucre

Préparation

1 Préchauffez le four à 170 °C (th. 5-6). Dans un saladier, mélangez la farine avec la levure. Ajoutez les œufs, le sucre en poudre et le beurre. Mélangez le tout à la main, en vous farinant les mains au préalable. Ajoutez ensuite le sel, le sucre vanillé et l'extrait de vanille. Vous devez obtenir une boule de pâte.
2 Farinez le plan de travail, puis étalez la pâte obtenue au rouleau à pâtisserie. Découpez des petites fleurs dans la pâte à l'aide d'un emporte-pièce.
3 Disposez les fleurs sur une plaque de cuisson préalablement recouverte de papier sulfurisé, puis enfournez pour environ 20 min de cuisson, jusqu'à ce que les sablés soient légèrement dorés sur les bords. Sortez du four et laissez refroidir.

Garniture et décoration

1 Transvasez la pâte à tartiner dans une poche à douille avec un embout en forme d'étoile. Prenez la moitié des sablés et garnissez-en une face de pâte à tartiner. Recouvrez ensuite chaque moitié garnie avec le reste des sablés.
2 Décorez les whoopies ainsi obtenus du chocolat fondu préalablement versé dans une poche à douille. Parsemez du décor en sucre de votre choix et dégustez.

ROGER

Carrot cupcakes

« Oh mon Roger, je vais te préparer un gâteau de carottes ! »
Roger est le gâteau que prépare la célèbre Jessica Rabbit pour son amoureux.
Alors enfilez votre robe à paillettes et préparez cette adaptation en cupcake.

Ingrédients

pour 12 cupcakes :

♥

Base

200 g de carottes râpées
100 g de cerneaux de noix hachés grossièrement
50 g de noisettes concassées
25 g de vergeoise
300 g de farine
1 sachet de levure chimique
½ cuil. à café de bicarbonate de soude
1 cuil. à café de cannelle en poudre
1 cuil. à café de gingembre en poudre
4 œufs
100 g de sucre en poudre
100 g de cassonade
50 g de beurre demi-sel mou

♥

Topping

200 g de cream cheese
2 cuil. à soupe de sucre glace
Quelques gouttes d'extrait de vanille liquide
½ cuil. à café de cannelle en poudre
Décoration : pépites de sucre coloré, bonbons, etc.

Préparation

1 Dans une poêle, faites caraméliser les noix, les noisettes et les carottes avec la vergeoise. Laissez ensuite refroidir.
2 Préchauffez le four à 170 °C (th. 5-6). Dans un saladier, assemblez la farine, la levure, le bicarbonate de soude, la cannelle et le gingembre. Dans un second saladier, battez les œufs avec le sucre en poudre et la cassonade à l'aide d'un batteur électrique, jusqu'à ce que le mélange blanchisse. Ajoutez le beurre et le mélange de farine. Mélangez bien avant d'ajouter les carottes aux noix et aux noisettes. Mélangez de nouveau.
3 Disposez des caissettes en papier dans des moules à muffins, puis versez la pâte aux trois quarts. Enfournez les cupcakes pour 25 min de cuisson, puis laissez-les refroidir.

Topping

1 Dans un petit saladier, mélangez le cream cheese avec le sucre glace, l'extrait de vanille et la cannelle.
2 Transvasez ce mélange dans une poche à douille avec un embout en forme d'étoile. Décorez-en les cupcakes. Parsemez ensuite les cupcakes de la décoration de votre choix (sucre coloré, bonbons, etc.) avant de les déguster.

♪ « My Boyfriend's Back », The Angels ♪

GolBerg

Whoopies chocolat et cœur d'orange

On considère souvent le gingembre comme un aphrodisiaque… mais je suis sûre que le mélange chocolat-orange l'est bien plus encore ! Une merveille tout en sensualité et en rondeurs… presque orgasmique !

Ingrédients

pour 6 whoopies :

♥

Base

300 g de sucre en poudre
230 g de beurre demi-sel mou
1 œuf
210 g de farine
50 g de cacao amer en poudre
½ sachet de levure chimique
100 g de pépites de chocolat noir
1 cuil. à café d'extrait de vanille liquide
Le zeste râpé d'1 orange non traitée

♥

Garniture et décoration

250 g de beurre mou
3 cuil. à soupe bombées de sucre glace
Le jus d'½ orange
Quelques écorces d'orange confites
100 g de chocolat noir

Préparation

1 Préchauffez le four à 190 °C (th. 6-7). Dans un saladier, fouettez le sucre en poudre avec le beurre, puis ajoutez l'œuf et mélangez.

2 Dans un autre saladier, mélangez la farine avec le cacao et la levure. Incorporez ce mélange à la préparation précédente. Ajoutez les pépites de chocolat, l'extrait de vanille et le zeste d'orange. Assemblez la pâte en boudin et placez-la au réfrigérateur pendant 15 min, afin de la laisser un peu durcir.

3 Détaillez le boudin de pâte en boules de 3 à 5 cm de diamètre. Aplatissez-les légèrement, puis disposez-les sur une plaque de cuisson recouverte de papier sulfurisé.

4 Enfournez les cookies pour 20 min de cuisson, puis sortez du four et laissez refroidir.

Garniture et décoration

1 Dans un saladier, fouettez au batteur électrique le beurre et le sucre glace, jusqu'à ce que le mélange blanchisse. Ajoutez le jus d'orange et mélangez de nouveau.

2 Transvasez la garniture ainsi obtenue dans une poche à douille avec un embout rond. Prenez la moitié des cookies. Garnissez une face de chaque cookie de crème, parsemez de morceaux d'écorce d'orange confite et recouvrez avec le reste des cookies restés vierges afin de former des whoopies.

3 Décorez ensuite chaque whoopie de chocolat fondu et d'orange confite.

HULK

Cupcakes pistache, cœur choco-noisette

Hulk est le super-héros des cupcakes ! Il est vert et puissant avec un cœur tendre... Les garçons en raffolent !

Ingrédients

pour 15 cupcakes :

♥

Base

1 yaourt nature entier
3 pots de yaourt de farine
1 sachet de levure chimique
4 œufs
1,5 pot de yaourt de sucre en poudre
125 g de beurre demi-sel mou
120 g de pistaches hachées
1 cuil. à café d'arôme de pistache
Quelques gouttes de colorant alimentaire vert
1 petit pot de pâte à tartiner chocolatée aux noisettes

♥

Topping

250 g de beurre mou
3 cuil. à soupe bombées de sucre glace
½ cuil. à café d'arôme de pistache
Quelques gouttes de colorant alimentaire vert
Décoration : pastilles de chocolat coloré, oursons en guimauve, sucre coloré, etc.

Préparation

1 Préchauffez le four à 165 °C (th. 5-6). Dans le bol d'un robot ménager, versez les ingrédients suivants, dans l'ordre et sans mélanger : le yaourt, la farine, la levure, les œufs, le sucre en poudre et le beurre. Actionnez le robot afin de bien mélanger le tout.
2 Ajoutez les pistaches et quelques gouttes de colorant alimentaire vert (une pointe de couteau suffit) et mélangez.
3 Disposez des caissettes en papier dans des moules à muffins, puis versez la pâte aux trois quarts des moules. Enfournez les cupcakes pour 25 min de cuisson, puis laissez-les refroidir.
4 Creusez chaque cupcake à l'aide d'une cuillère à pomme parisienne (afin de faire un trou en son centre), puis garnissez-le de pâte à tartiner avant de reboucher le trou.

Topping

1 Dans un petit saladier, fouettez au batteur électrique le beurre avec le sucre glace, jusqu'à ce que le mélange blanchisse fortement (environ 7 min). Ajoutez ensuite l'arôme de pistache et quelques gouttes de colorant alimentaire vert.
2 Transvasez ce mélange dans une poche à douille avec un embout en forme d'étoile. Décorez-en le dessus des cupcakes. Parsemez-les ensuite de la décoration de votre choix (pastilles de chocolat, oursons, etc.) avant de déguster.

Marie-Antoinette

Whoopies framboise, cœur de pistache

Ce whoopie est un biscuit américain avec la classe d'une jolie Française !
Un peu comme s'il était un cousin outre-Atlantique de notre célèbre macaron.
Il est coloré, doux et fruité... Miam !

Ingrédients

pour 10 whoopies :

♥

Base

100 g de beurre mou
50 g de sucre en poudre
80 g de cassonade
1 œuf
200 g de farine
½ sachet de levure chimique
1 pincée de sel
Quelques gouttes d'arôme de framboise
Quelques gouttes de colorant alimentaire rose

♥

Garniture et décoration

250 g de beurre mou
3 cuil. à soupe bombées de sucre glace
Quelques gouttes d'arôme de pistache
Un peu de colorant alimentaire vert
Quelques framboises fraîches

Préparation

1 Préchauffez le four à 160 °C (th. 5-6). Dans un saladier, fouettez le beurre avec le sucre en poudre et la cassonade, jusqu'à ce que le mélange blanchisse. Ajoutez l'œuf et mélangez de nouveau. Ajoutez ensuite la farine, la levure et le sel, puis l'arôme de framboise et le colorant alimentaire rose (une pointe de couteau suffit). Mélangez. Formez un boudin de pâte, enveloppez-le de film alimentaire et placez-le au réfrigérateur pendant environ 15 min.

2 Détaillez la pâte en petites boules de 3 cm de diamètre, puis aplatissez-les un peu. Disposez-les sur une plaque de cuisson préalablement recouverte de papier sulfurisé. Enfournez pour 10 min de cuisson, puis laissez refroidir.

Garniture et décoration

1 Dans un saladier, fouettez au batteur électrique le beurre et le sucre glace, jusqu'à ce que le mélange blanchisse. Ajoutez l'arôme de pistache et le colorant alimentaire vert.

2 Transvasez cette préparation dans une poche à douille. Prenez la moitié des cookies. Garnissez-les en déposant sur une face quelques noisettes de préparation à la pistache. Complétez la garniture avec des framboises fraîches, puis recouvrez chaque cookie d'un second cookie afin de former les whoopies.

Enrico

Cupcakes orientaux

Ce cupcake fait référence au chanteur Enrico Macias. C'est un cupcake au « boulou », gâteau traditionnel des fêtes juives, que me préparait ma mamie. Voici une adaptation de tout ce qui représente la gourmandise de mon enfance.

Ingrédients

pour 15 cupcakes :

♥

Base

20 g d'amandes concassées
20 g de pistaches concassées
20 g de noisettes concassées
20 g de graines de sésame
20 g de raisins secs
1 sachet de thé (Earl Grey de préférence)
1 yaourt nature entier
2 pots de yaourt de farine
1 pot de yaourt de poudre d'amandes
1 sachet de levure chimique
125 g de beurre demi sel mou
1 cuil. à soupe d'eau de fleur d'oranger
4 œufs (blancs et jaunes séparés)
1,5 pot de yaourt de sucre en poudre
1 tablette de chocolat pâtissier (200 g)
Sel

♥

Topping

250 g de beurre mou
3 cuil. à soupe bombées de sucre glace
2 cuil. à soupe d'eau de fleur d'oranger
1 cuil. à soupe de graines de sésame
3 cuil. à soupe de sucre

Préparation

1 Dans une poêle, faites torréfier les amandes, les pistaches et les noisettes. Ajoutez les graines de sésame au dernier moment. Retirez du feu et laissez refroidir.
2 Pendant ce temps, plongez les raisins secs dans un bol d'eau chaude afin de les réhydrater et de les faire gonfler.
3 Préchauffez le four à 165 °C (th. 5-6). Dans un saladier, fouettez le yaourt avec la farine, la poudre d'amandes, la levure, le beurre et l'eau de fleur d'oranger.
4 Dans un autre saladier, mélangez les jaunes d'œufs et le sucre en poudre. Ajoutez à la préparation précédente. Montez les blancs d'œufs en neige avec le sel à l'aide d'un batteur électrique. Incorporez-les délicatement à la pâte.
5 Égouttez bien les raisins secs puis ajoutez-en une partie à la pâte. Ajoutez également une partie des fruits secs torréfiés.
6 Disposez des caissettes en papier dans des moules à muffins. Versez-y la pâte aux trois quarts des moules. Glissez un carré de chocolat au centre de chaque cupcake. Enfournez pour 25 min de cuisson, puis laissez refroidir.

Topping

1 Dans un saladier, fouettez au batteur électrique le beurre avec le sucre glace, jusqu'à ce que le mélange blanchisse fortement. Ajoutez l'eau de fleur d'oranger.
2 Transvasez la préparation dans une poche à douille avec un embout de forme ronde, puis décorez-en chaque cupcake.
3 Pour faire une nougatine : versez 3 cuil. à soupe de sucre et 2 cuil. à soupe d'eau dans une casserole pour obtenir un caramel. Étalez ce caramel sur une plaque recouverte de papier sulfurisé et parsemez de graines de sésame. Laissez refroidir et cassez en petits morceaux. Décorez les cupcakes avec.

Les Popains

Sucettes sablées à la fleur d'oranger et de toutes les couleurs

Prenez une sucette en anglais (« pop ») et un copain...
et vous obtenez le « popain », un petit copain gourmand et coloré !

Ingrédients

♥

Base

500 g de farine
1 sachet de levure chimique
3 œufs
150 g de sucre en poudre
125 g de beurre mou
1 cuil. à soupe d'eau de fleur d'oranger
1 pincée de sel
2 sachets de sucre vanillé
1 cuil. à café d'extrait de vanille

♥

Icing royal (glaçage)

2 blancs d'œufs
330 g de sucre glace
2 cuil. à café de jus de citron pressé
Quelques gouttes de 4 colorants alimentaires (couleurs de votre choix)

Préparation

1 Préchauffez le four à 170 °C (th. 5-6). Dans un saladier, mélangez la farine et la levure. Ajoutez les œufs, le sucre et le beurre. Mélangez le tout à la main, en prenant soin de vous fariner les mains préalablement. Ajoutez ensuite l'eau de fleur d'oranger, le sel, le sucre vanillé et l'extrait de vanille. Vous devez obtenir une boule de pâte.

2 Farinez le plan de travail, puis étalez la pâte au rouleau à pâtisserie. Détaillez-la à l'aide d'un emporte-pièce en forme de petit bonhomme. Enfoncez un bâton de sucette dans chaque sablé, puis déposez-les tous sur une plaque de cuisson recouverte de papier sulfurisé. Enfournez pour environ 20 min de cuisson, jusqu'à ce que les sablés soient légèrement dorés sur les bords.

Icing (glaçage)

1 Dans un saladier, fouettez au batteur électrique les blancs d'œufs avec le jus de citron. Ajoutez le sucre petit à petit, tout en continuant de battre.

2 Séparez le glaçage en quatre portions. Ajoutez dans chacune quelques gouttes d'un colorant alimentaire différent. Utilisez ensuite rapidement pour décorer les cupcakes car le mélange durcit très vite.

3 Transvasez les glaçages dans des poches à douille avec des petits embouts ronds (très fins). Appliquez-les sur les popains de façon à dessiner des vêtements, des yeux, une bouche, etc. Laissez sécher pendant 1 h puis dégustez.

Mireille

Cupcakes myrtille et chocolat blanc

Mireille est un joli cupcake tout bleu, tout frais.
Il n'a pas de topping avec une crème au beurre, mais un décor au chocolat blanc, ce qui fait de lui un cupcake très léger, parfait pour le petit déjeuner.

Ingrédients

pour 15 cupcakes :

♥

Base

1 yaourt nature entier
3 pots de yaourt de farine
1 sachet de levure chimique
4 œufs
1,5 pot de yaourt de sucre en poudre
125 g de beurre demi-sel mou
60 g de chocolat blanc
200 g de myrtilles surgelées

♥

Décoration

200 g de chocolat blanc
45 myrtilles fraîches
Quelques décors en sucre coloré

Préparation

1 Préchauffez le four à 165 °C (th. 5-6). Dans le bol d'un robot ménager, versez les ingrédients suivants, dans l'ordre et sans mélanger : le yaourt, la farine, la levure, les œufs, le sucre en poudre et le beurre. Actionnez le robot afin de bien mélanger le tout.
2 Hachez grossièrement le chocolat blanc puis ajoutez-le à la préparation ainsi que les myrtilles et mélangez.
3 Disposez des caissettes en papier dans des moules à muffins, puis versez la pâte aux trois quarts des moules. Enfournez les cupcakes pour 25 min de cuisson, puis laissez-les refroidir.

Décoration

1 Dans une casserole au bain-marie, faites fondre le chocolat blanc. Versez-le dans un sac congélation. Coupez très finement un angle du sac afin de vous permettre d'appliquer le chocolat sur les cupcakes en les quadrillant.
2 Ajoutez 3 myrtilles fraîches sur chaque cupcake et parsemez de sucre coloré.

♪ « Santa Baby », Eartha Kitt ♪

Noopies

Nounours gingerbread au cœur brisé

Noopies est un doudou, un gingerbread au cœur brisé. Il est là pour vous remonter le moral ! Avec ses arômes de pain d'épice et son cœur de chocolat noir, il vous fera fondre. Avec lui, c'est tous les jours Noël !

Ingrédients

pour 12 nounours :

♥

Base

75 g de beurre
75 g de sucre roux
30 ml de miel
Le zeste râpé et le jus d'1 orange non traitée
1 œuf
225 g de farine
1 cuil. à café de bicarbonate de soude
1 cuil. à soupe de cannelle en poudre
1 cuil. à soupe de gingembre en poudre

♥

Garniture et décoration

100 g de chocolat noir à 70 %
100 g de chocolat blanc
Pastilles et cœurs en sucre

Préparation

1 Préchauffez le four à 170 °C (th. 5-6). Dans une casserole, faites fondre le beurre. Versez-le dans un saladier puis ajoutez le sucre et fouettez jusqu'à ce que le mélange blanchisse. Ajoutez le miel, le zeste et le jus d'orange. Mélangez de nouveau. Ajoutez l'œuf et mélangez.

2 Dans un autre saladier, assemblez la farine, le bicarbonate de soude, la cannelle et le gingembre. Mélangez et ajoutez le tout à la préparation précédente. Travaillez la pâte à la main, en prenant soin de vous fariner les mains au préalable.

3 Sur un plan de travail fariné, étalez la pâte au rouleau à pâtisserie. Détaillez-la en biscuits à l'aide d'un emporte-pièce en forme d'ours. Disposez-les sur une plaque de cuisson recouverte de papier sulfurisé et enfournez pour 20 min de cuisson. Laissez refroidir.

Garniture et décoration

1 Dans une casserole au bain-marie, faites fondre les deux chocolats. Versez-les dans deux poches à douille.

2 Garnissez la moitié des biscuits de chocolat blanc ou noir, puis recouvrez-les d'un autre biscuit. Décorez-les en disposant dessus des pastilles de sucre pour les yeux et un cœur en sucre.

SPARTACUS

Cupcakes chocolat, cœur de crème de spéculoos

Spartacus est le best-seller de la cupcakerie : un cupcake au chocolat avec un cœur de crème de spéculoos, un cœur tendre caché sous un chocolat puissant, un vrai guerrier qui vous permettra de conquérir tous les cœurs. Un délice !

Ingrédients

pour 20 cupcakes :

♥

Base

140 g de farine
½ sachet de levure chimique
6 œufs
160 g de sucre en poudre
400 g de chocolat noir à 70 %
240 g de beurre demi-sel mou
1 pot de crème de spéculoos

♥

Topping

250 g de beurre mou
3 cuil. à soupe bombées de sucre glace
1 cuil. à soupe de crème de spéculoos
5 biscuits spéculoos émiettés
pralines roses

Préparation

1 Préchauffez le four à 165 °C (th. 5-6). Dans un saladier, mélangez la farine et la levure. Dans un autre saladier, battez les œufs avec le sucre en poudre. Dans une casserole au bain-marie, faites fondre le chocolat, puis ajoutez-le à la préparation œufs-sucre. Mélangez bien. Ajoutez le beurre, puis incorporez le mélange de farine.

2 Disposez des caissettes en papier dans des moules à muffins, puis versez-y un petit fond de pâte. Ajoutez 1 cuil. à café de crème de spéculoos au centre de chaque moule, puis recouvrez de pâte aux trois quarts de la hauteur des moules. Enfournez les cupcakes pour 15 à 20 min de cuisson. Laissez refroidir.

Topping

1 Dans un saladier, fouettez le beurre et le sucre glace au batteur électrique jusqu'à ce que le mélange blanchisse. Ajoutez la crème de spéculoos. Transvasez cette préparation dans une poche à douille avec un embout en forme d'étoile.

1 Ajoutez sur le dessus de chaque cupcake quelques miettes de spéculoos et quelques pralines roses.

Chloé.S
Chloé.S

♪ « It's My Party », Brenda Lee ♪

Petit Poucet

Whoopies pépites de chocolat, cœur de crème au beurre vanille

Prenez deux merveilleux cookies, fourrez-les d'une crème au beurre tendre à la vanille, et voici le parfait whoopie, une merveille pour le goûter !

Ingrédients

pour 15 whoopies :

♥

Base

100 g de beurre mou
50 g de sucre en poudre
80 g de cassonade
1 œuf
200 g de farine
½ sachet de levure chimique
1 pincée de sel
1 cuil. à café d'extrait de vanille liquide
130 g de pépites de chocolat

♥

Garniture

250 g de beurre mou
3 cuil. à soupe bombées de sucre glace
1 cuil. à café de sucre vanillé
Quelques gouttes d'extrait de vanille liquide
20 g de pépites de chocolat

Préparation

1 Dans un saladier, fouettez le beurre avec le sucre en poudre et la cassonade. Ajoutez l'œuf, puis la farine, la levure, le sel, la vanille et, enfin, les pépites de chocolat. Vous devez obtenir une boule de pâte. Enveloppez-la de film alimentaire puis placez-la au réfrigérateur pendant environ 15 min.

2 Préchauffez le four à 160 °C (th. 5-6). Sortez la pâte du réfrigérateur et détaillez-la en boules de 3 cm de diamètre. Aplatissez-les légèrement et disposez-les sur une plaque de cuisson recouverte de papier sulfurisé.

3 Enfournez pour 10 min de cuisson et laissez refroidir.

Garniture

1 Dans un saladier, fouettez le beurre et le sucre glace au batteur électrique jusqu'à ce que le mélange blanchisse. Ajoutez le sucre vanillé et l'extrait de vanille. Transvasez cette préparation dans une poche à douille avec un embout en forme d'étoile.

2 Prenez la moitié des cookies et garnissez-les du mélange précédent. Recouvrez-les des cookies restants. Décorez avec des pépites de chocolat.

♪ « Itsi Bitsi Petit Bikini », Dalida ♪

JOSEPHINE

Cupcakes sans sucre banane, noix de coco et chocolat noir

Pourquoi les gâteaux sont-ils toujours sucrés ? Étant privée de dessert depuis mes 9 ans pour des raisons de santé, j'ai donc décidé de changer la donne. Car la gourmandise doit être accessible à tous ! Voici ma recette.

Ingrédients

pour 15 cupcakes :

♥

Base

4 œufs
Le poids des œufs en beurre mou
1 sachet de levure chimique
Le poids des œufs en farine
Le poids des œufs en sirop d'agave
2 bananes bien mûres
1 tablette de chocolat noir sans sucre
50 g de noix de coco râpée

♥

Topping

1 tablette de chocolat noir sans sucre
20 cl de crème fraîche
Un peu de noix de coco râpée
Décors de votre choix : fruits frais, pain azyme, pâte d'amandes, etc.

Préparation

1 Préchauffez le four à 175 °C (th. 6). Dans un saladier, battez les œufs. Ajoutez le beurre mou. Incorporez la levure et la farine. Ajoutez enfin le sirop d'agave.
2 Écrasez les bananes. Hachez le chocolat. Ajoutez les bananes et le chocolat à la préparation précédente, puis ajoutez la noix de coco.
3 Disposez des caissettes en papier dans des moules à muffins, puis versez la pâte aux trois quarts des moules. Enfournez les cupcakes pour 25 min de cuisson, puis laissez-les refroidir.

Topping

1 Dans une casserole au bain-marie, faites fondre le chocolat avec la crème fraîche. Ajoutez un peu de noix de coco et laissez refroidir légèrement.
2 Versez cette préparation dans une poche à douille et décorez-en les cupcakes. Parsemez d'un peu de noix de coco et décorez à votre goût avec des fruits, des fleurs en pain azyme ou de pâte d'amandes.

Betty

Cookies vegan (végétaliens) chocolat et beurre de cacahuètes

Ce cookie convient aussi bien aux personnes végétaliennes qu'à celles qui surveillent leur cholestérol, et aux gourmands ! Il est extrêmement bon et se conserve très bien.

Ingrédients

pour 15 cookies :

♥

240 g de farine
2 cuil. à café de bicarbonate de soude
50 g de cacao amer en poudre
2 bananes mûres écrasées
150 g de beurre de cacahuètes
150 g de cassonade
100 g de pépites de chocolat noir
Quelques cacahuètes concassées
Un peu de jus de pomme pour diluer

Préparation

1 Dans un saladier, mélangez la farine avec le bicarbonate et le cacao. Ajoutez ensuite tous les autres ingrédients et malaxez la pâte à la main, en prenant soin de vous fariner légèrement les mains au préalable. Vous devez obtenir une boule de pâte. Si besoin, ajoutez un peu de jus de pomme pour diluer la pâte.

2 Formez un boudin de pâte, enveloppez-le de film alimentaire et placez-le au réfrigérateur pendant 15 min.

Cuisson

1 Préchauffez le four à 180 °C (th. 6). Détaillez le boudin en petites boules de 5 cm de diamètre. Aplatissez-les légèrement et disposez-les sur une plaque de cuisson recouverte de papier sulfurisé. Enfournez pour 20 min de cuisson.

2 Laissez refroidir et dégustez.

♪ « Les Sucettes », France Gall ♪

Pop Cakes

Pistache, framboise et chocolat blanc

J'adore les pop cakes, c'est drôle à manger, les enfants en raffolent lorsqu'ils sont décorés et les grands les adorent sur leur buffet de fête !

Ingrédients

pour 30 pop cakes :

♥

Cake

1 yaourt nature
1 pot de yaourt de poudre d'amandes
1 sachet de levure chimique
4 œufs
1,5 pot de yaourt de sucre en poudre
125 g de beurre demi-sel mou
1 cuil. à café d'extrait de vanille liquide

♥

Glaçage

250 g de cream cheese
1 cuil. à soupe bombée de sucre glace
30 framboises fraîches
30 bâtons de sucettes en plastique ou en bois

♥

Topping

300 g de chocolat blanc
100 g de pistaches concassées

Préparation

1 Préchauffez le four à 165 °C (th. 5-6). Dans le bol d'un robot ménager, versez les ingrédients suivants, dans l'ordre et sans mélanger : le yaourt, la farine, la levure, les œufs, le sucre en poudre et le beurre. Actionnez le robot afin de bien mélanger le tout. Ajoutez l'extrait de vanille.

2 Versez la pâte dans un moule à cake ou à gâteau. Enfournez pour 25 min de cuisson, puis laissez refroidir.

Assemblage

1 Dans un saladier, fouettez le cream cheese avec le sucre glace.

2 Émiettez le gâteau et mélangez le tout à la préparation cream cheese-sucre glace. Façonnez ensuite des boules de gâteau autour d'une framboise. Plantez dans chaque boule un bâton de sucette et mettez de côté au réfrigérateur pendant 10 min, le temps que la préparation durcisse.

Topping

1 Dans une casserole au bain-marie, faites fondre le chocolat blanc. Enrobez chaque pop cake de chocolat blanc puis roulez-le dans les pistaches concassées.

2 Laissez refroidir et durcir les sucettes la tête en bas sur une assiette pendant 1 h au réfrigérateur.

Les jolis gâteaux à partager

♪ « Wanna Be Loved By You », Marilyn Monroe ♪

Berry Baby

Gâteau d'amour à 2 étages, framboise et chocolat noir

Voici le gâteau parfait pour la Saint-Valentin, des fiançailles ou l'anniversaire de votre bien aimé(e). Et comme il est très gros, vous pourrez également le partager avec tous ceux que vous aimez.

Ingrédients

pour 12 personnes :

♥

Base

4 œufs
1 yaourt nature
1,5 pot de sucre en poudre
3 pots de yaourt de farine
1 sachet de levure chimique
125 g de beurre demi-sel mou
200 g de chocolat noir
200 g de framboises surgelées
Quelques gouttes de colorant alimentaire rose

♥

Crèmes au beurre

500 g de beurre mou
8 cuil. à soupe de sucre glace
200 g de chocolat blanc
Quelques gouttes d'arôme de framboise
Quelques gouttes de colorant alimentaire rose

♥

Décoration

Quelques groseilles, framboises et fraises fraîches
Décors en sucre en forme de cœur et de bouche

Préparation

1 Préchauffez le four à 170 °C (th. 5-6). Séparez les blancs des jaunes d'œufs. Dans un saladier, battez le yaourt avec les jaunes d'œufs, le sucre en poudre, la farine, la levure et le beurre.
2 Montez les blancs d'œufs en neige ferme à l'aide d'un batteur électrique. Incorporez-les délicatement à la préparation précédente.
3 Dans une casserole au bain-marie, faites fondre le chocolat noir, puis ajoutez-le à la pâte. Ajoutez ensuite les framboises décongelées et le colorant alimentaire rose.
4 Versez la pâte dans deux moules : un moule à gâteau rond de taille moyenne, puis un plus petit moule en forme de cœur. Enfournez le petit moule pour 15 min de cuisson et le plus grand moule pour 40 min de cuisson. Laissez refroidir.

Crème au beurre au chocolat blanc

1 Dans un saladier, travaillez 125 g de beurre et 2 cuil. à soupe de sucre glace au batteur électrique jusqu'à ce que le mélange blanchisse fortement.
2 Dans une casserole au bain-marie, faites fondre le chocolat blanc, puis ajoutez-le à la crème au beurre qui va se ramollir.
3 Ajoutez immédiatement 125 g de beurre et 2 cuil. à soupe de sucre glace dans le saladier et travaillez de nouveau le tout au batteur électrique afin de faire remonter la crème.
4 Versez-en la moitié dans une poche à douille avec un large embout en forme d'étoile. Réservez le reste au réfrigérateur.

Crème au beurre à la framboise

1 Dans un saladier, travaillez 250 g de beurre et 4 cuil. à soupe de sucre glace au batteur électrique jusqu'à ce que le mélange blanchisse fortement et durcisse un peu, comme une crème fouettée. Ajoutez le colorant alimentaire rose et l'arôme de framboise.
2 Versez-en la moitié dans une poche à douille avec un petit embout en forme d'étoile, puis réservez le reste au réfrigérateur.

Montage et décoration

1 Fendez le plus grand des gâteaux en deux dans l'épaisseur (horizontalement). Garnissez l'une des faces de la crème au beurre au chocolat blanc préalablement mise de côté, puis recouvrez avec l'autre moitié de gâteau.
2 Collez le petit gâteau en forme de cœur au centre du grand gâteau et recouvrez-le, à l'aide d'une spatule, du reste des crèmes au beurre au chocolat blanc et à la framboise.
3 Décorez le tout avec les crèmes au beurre mises dans les poches à douille, en alternant les deux. Disposez quelques fruits frais et les décors en sucre.

Gâteau-Cadeau

Pas à pas en page suivante

Gâteau marbré chocolat-vanille, décoré comme un cadeau

Vous êtes invité à dîner ce soir ? Plutôt que d'apporter du vin ou des fleurs, occupez-vous du cadeau… je veux dire, du gâteau… enfin du gâteau-cadeau !

Ingrédients

pour 12 à 15 personnes :

♥

Base

5 œufs
350 g de sucre en poudre
350 g de farine
20 g de levure chimique
350 g de beurre
1 pincée de sel
200 g de chocolat noir
1 cuil. à café d'extrait de vanille liquide

♥

Crème au beurre à la vanille

125 g de beurre mou
2 cuil. à soupe de sucre glace
1 cuil. à café de sucre vanillé
Quelques gouttes d'extrait de vanille liquide

♥

Décoration

De la pâte à sucre rouge et blanche (voir la rubrique « Bonnes adresses », p. 91)
Quelques paillettes alimentaires

Préparation

1 Préchauffez le four à 180 °C (th. 6). Séparez les blancs des jaunes d'œufs. Dans un saladier, fouettez les jaunes d'œufs et le sucre en poudre jusqu'à ce que le mélange blanchisse.
2 Dans un second saladier, assemblez la farine et la levure. Ajoutez le tout progressivement à la préparation précédente, en alternant avec le beurre.
3 Ajoutez la pincée de sel dans les blancs d'œufs et montez-les en neige avec d'un batteur électrique. Incorporez-les délicatement à la pâte à l'aide d'une spatule.
4 Divisez la pâte en deux. Dans une casserole au bain-marie, faites fondre le chocolat noir. Incorporez-le à l'une des pâtes. Dans la seconde pâte, ajoutez l'extrait de vanille.
5 Beurrez un moule carré de 20 cm de côté et tapissez-le de papier sulfurisé. Versez-y les deux pâtes par couches successives en les alternant. Recouvrez de papier d'aluminium et enfournez pour 1 h de cuisson. Laissez refroidir avant de démouler.

Crème au beurre à la vanille

1 Dans un saladier, travaillez le beurre et le sucre glace au batteur électrique, jusqu'à ce que le mélange blanchisse et durcisse un peu. Ajoutez le sucre vanillé et l'extrait de vanille.
2 Coupez les bords du gâteau afin d'obtenir un carré parfait. Étalez dessus de la crème au beurre à l'aide d'une spatule afin de boucher les aspérités du gâteau et de lisser sa surface. Laissez figer pendant 30 min au réfrigérateur.

Montage et décoration

Travaillez la pâte à sucre blanche à la main afin de la ramollir un peu, puis étalez-la au rouleau à pâtisserie sur une feuille de papier sulfurisé. Enroulez-la sur le rouleau et déroulez-la sur le gâteau.

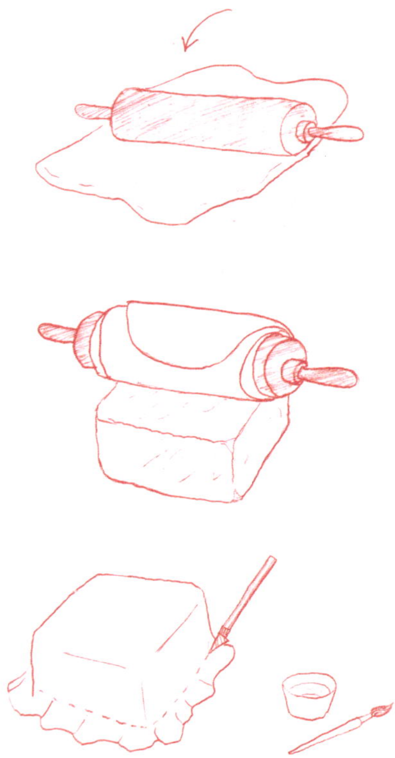

Travaillez également la pâte à sucre rouge de façon à former deux longues bandes puis un nœud en suivant le croquis de découpe et d'assemblage. Déposez le nœud au centre du gâteau.

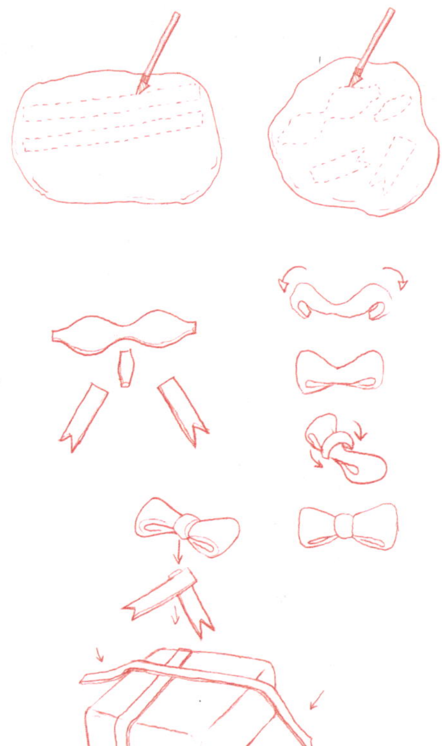

Parsemez le gâteau de paillettes alimentaires et offrez-le à ceux que vous aimez.

Mowgli

Banana bread aux noix nappé de caramel au beurre salé

« Il en faut peu pour être heureux, vraiment très peu pour être heureux »… Mowgli, c'est la recette du bonheur !

Ingrédients

pour 6 à 8 personnes :

♥

Base

3 bananes bien mûres
220 g de farine
½ sachet de levure chimique
1 cuil. à café de bicarbonate de soude
2 œufs
100 g de beurre demi-sel mou
50 g de sucre en poudre
50 g de vergeoise
1 cuil. à café d'extrait de vanille liquide

♥

Caramel au beurre salé

15 morceaux de sucre
10 cl d'eau
30 g de beurre salé
4 cuil. à soupe de crème fraîche

♥

Décoration

Bonbons en forme de banane
Sucre coloré

Préparation

1 Préchauffez le four à 180 °C (th. 6). Écrasez les bananes. Dans un saladier, mélangez la farine, la levure et le bicarbonate de soude. Ajoutez les œufs et fouettez au batteur électrique. Puis ajoutez les bananes écrasées, le beurre, le sucre en poudre, la vergeoise et l'extrait de vanille.

2 Beurrez un moule à cake et versez-y la pâte. Enfournez pour 50 min de cuisson. Laissez refroidir et démoulez.

Caramel au beurre salé

1 Dans une casserole, versez le sucre et l'eau. Faites chauffer à feu fort. Dès que vous obtenez une bonne caramélisation (blond foncé), retirez du feu et ajoutez le beurre salé. Remettez sur feu doux et mélangez bien. Ajoutez la crème fraîche. Remuez jusqu'à obtention d'un mélange bien lisse et laissez refroidir.

Décoration

1 Nappez le cake de caramel et décorez-le avec des bonbons en forme de banane. Parsemez de sucre coloré.

Carla Brownie

Brownie sans gluten au chocolat 70 %

C'est quelqu'un qui m'a dit qu'elle aimait les brownies. Et, nous, on les aime aussi ! Voici une version sans gluten, tellement tendre qu'il fond dans la bouche... et même dans les mains !

Ingrédients

pour 6 à 8 personnes

♥

Base

400 g de chocolat noir à 70 %
225 g de beurre mou
220 g de cassonade
6 œufs
1 cuil. à soupe d'extrait de vanille liquide
1 cuil. à soupe de sel
130 g de farine de riz

♥

Topping

1 tablette de chocolat blanc (100 g)
2 poignées de pistaches concassées

Préparation

1. Préchauffez le four à 160 °C (th. 5-6). Dans une casserole au bain-marie, faites fondre le chocolat noir.
2. Dans un saladier, fouettez le beurre avec la cassonade. Ajoutez le chocolat fondu et mélangez bien. Ajoutez les œufs, l'extrait de vanille et le sel. Mélangez. Incorporez enfin la farine de riz.
3. Beurrez un moule rectangulaire et tapissez-le de papier sulfurisé. Versez-y la pâte. Enfournez pour 40 min de cuisson, laissez légèrement refroidir puis conservez au frais.

Topping

1. Dans une casserole au bain-marie, faites fondre le chocolat blanc. Transvasez-le dans un sac congélation ou une poche pâtissière. Coupez-en l'extrémité assez finement pour donner le même effet qu'un stylo en déposant le chocolat.
2. Décorez le brownie de chocolat en dessinant des lignes de bas en haut, puis de gauche à droite. Parsemez de pistaches concassées puis dégustez.

Dame Nature

Pas à pas en page suivante

Gâteau du printemps aux pistaches et aux fraises

Parce que le printemps signe le renouveau de la nature, le retour des jolies fraises et du soleil, des lapins de Pâques et des bourgeons, ce gâteau, en parfait hommage à Dame Nature, en porte donc le nom.

Ingrédients

pour 6 à 8 personnes :

♥

Base

50 g de pistaches concassées
225 g de sucre en poudre
225 g de beurre mou
4 œufs
200 g de farine
1 sachet de levure chimique
½ cuil. à café de bicarbonate de soude
Quelques gouttes de colorant alimentaire vert
½ cuil. à café d'arôme de pistache
2 cuil. à soupe de lait

♥

Topping

500 g de beurre
6 cuil. à soupe bombées de sucre glace
1 sachet de sucre vanillé
1 cuil. à café d'extrait de vanille liquide
1 barquette de fraises
Un peu de pâte d'amandes vertes
Quelques œufs en chocolat

Préparation

1 Préchauffez le four à 180 °C (th. 6). Dans un saladier, mélangez les pistaches, le sucre en poudre, le beurre et les œufs au batteur électrique (ou dans un robot ménager). Ajoutez la farine, la levure et le bicarbonate de soude. Ajoutez enfin le colorant alimentaire, l'arôme de pistache et le lait.
2 Beurrez un moule rond de 30 cm de diamètre et de 7 cm de hauteur. Versez-y la pâte. Enfournez pour 30 min de cuisson. Sortez le gâteau du four et laissez-le refroidir.

Topping

1 Dans un saladier, travaillez le beurre et le sucre glace au batteur électrique jusqu'à ce que le mélange blanchisse fortement et durcisse un peu. Ajoutez le sucre vanillé et l'extrait de vanille.
2 Pour le montage, voir page 58.

Montage et décoration

Remplissez la poche à douille avec la crème à la vanille. Vous pouvez vous aider d'un recipient haut.

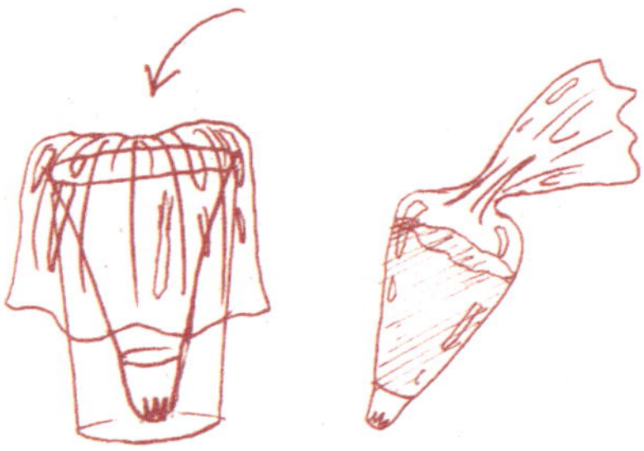

Fendez le gâteau en deux dans le sens horizontal à l'aide d'un couteau à génoise.

Nappez l'intérieur d'une moitié de génoise avec la crème. Ajoutez des fraises. Recouvrez de l'autre moitié de génoise. Nappez entièrement le gâteau du reste de la crème et mettez-le au réfrigérateur, le temps que la crème durcisse.

Étalez un peu de pâte d'amande verte au rouleau à pâtisserie sur du sucre glace. Formez un rond et, à l'aide du rouleau, disposez-le sur le gâteau.

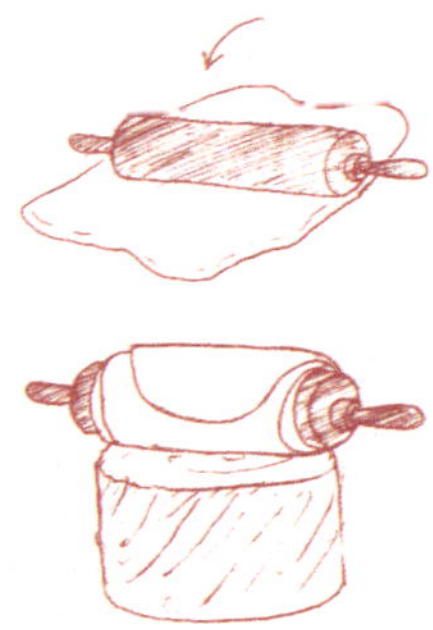

Décorez avec le reste de crème à la vanille préalablement transvasée dans une poche à douille. Déposez des fraises fraîches et des œufs en chocolat sur le dessus du gâteau.

Alpha Blondie

Brownie aux cranberries et au chocolat blanc

Le Blondie est un brownie en version blonde, un peu comme moi !
Pour le nom, il n'a aucun sens mais cela me faisait simplement rire,
comme beaucoup de noms de mes gâteaux.

Ingrédients

pour 6 à 8 personnes :

♥

1 sachet de thé Earl Grey
150 g de cranberries (canneberges)
170 g de beurre
280 g de cassonade
2 œufs
1 cuil. à soupe de sirop d'érable
225 g de farine
120 g de cerneaux de noix torréfiées
170 g de pépites de chocolat blanc
Quelques gouttes d'extrait de vanille

Préparation

1 Préchauffez le four à 150 °C (th. 5). Préparez un grand bol de thé avec le sachet d'Earl Grey puis faites-y tremper et gonfler les cranberries pendant quelques minutes. Égouttez-les.
2 Dans une casserole au bain-marie, faites fondre le beurre jusqu'à ce qu'il dore légèrement, puis retirez-le du feu. Laissez refroidir pendant 10 min.
3 Dans un saladier, mettez la cassonade puis versez le beurre par-dessus. Mélangez bien le tout. Ajoutez les œufs un à un en fouettant bien énergiquement entre chaque ajout. Ajoutez le sirop d'érable et l'extrait de vanille.
4 Ajoutez enfin la farine, les noix, les pépites de chocolat blanc et les cranberries.

Cuisson

1 Beurrez un moule rectangulaire et tapissez-le de papier sulfurisé. Versez-y la pâte. Enfournez pour 35 min de cuisson, puis laissez refroidir et démoulez.

Les brunchs et merveilles salées

Les œufs brouillés du Paradis

Les œufs brouillés du paradis

Ah ! Les œufs brouillés de la cupcakerie ! Tellement fondants qu'on nous en demande souvent le secret, qu'on cherche à le deviner… Le voici enfin révélé pour vous !

Ingrédients

pour 2 personnes :

♥

5 œufs bio frais
10 cl de lait demi-écrémé
1 cuil. à soupe de cream cheese
1 pincée de fleur de sel
1 tomate cerise
2 brins de ciboulette fraîche
Poivre du moulin

♥

Accompagnement

2 bagels
2 tranches de saumon
2 noisettes de cream cheese
1 citron en tranches

Préparation

1. Dans une casserole au bain-marie, assemblez les œufs, le lait et le cream cheese. Faites chauffer et laissez légèrement accrocher, puis mélangez régulièrement avec une spatule, jusqu'à ce que les œufs soient cuits mais pas trop.
2. Répartissez la préparation dans deux ramequins. Ajoutez sur chaque ramequin un peu de fleur de sel et un tour de moulin à poivre. Ajoutez par-dessus une demi-tomate cerise et un brin de ciboulette.

Accompagnement

1. Servez chaque ramequin avec un bagel toasté, une tranche de saumon arrosé de citron et une noisette de cream cheese.

Tartinades

Caramel au beurre salé, confiture de lait et pâte à tartiner maison

À une période de ma vie, je me suis nourrie exclusivement de tartines, parce que j'ai le palais qui s'ennuie et que j'adore changer de goût. Avec les tartines, rien de plus facile ! En voici 3 versions.

Ingrédients

pour 6 personnes :

♥

Caramel au beurre salé

15 morceaux de sucre
10 cl d'eau
30 g de beurre salé
4 cuil. à soupe de crème fraîche

♥

Confiture de lait

1 conserve de lait concentré sucré

♥

Pâte à tartiner

1 tablette de chocolat pâtissier au lait (200 g)
20 cl de crème fraîche
15 g de poudre de noisettes
20 g de noisettes concassées
1 cuil. à soupe de cassonade

♥

Tartines

Pain frais, brioches ou viennoiseries au choix

Caramel au beurre salé

1 Dans une casserole, versez le sucre et l'eau. Faites chauffer à feu fort. Dès que vous obtenez une bonne caramélisation (blond foncé), retirez du feu et ajoutez le beurre salé. Remettez sur feu doux et mélangez bien. Ajoutez la crème fraîche. Remuez jusqu'à obtention d'un mélange bien lisse et laissez refroidir.
2 Présentez le caramel dans un ramequin ou un bol.

Confiture de lait

1 Placez la conserve de lait concentré sucré dans une Cocotte-Minute remplie d'eau jusqu'à la recouvrir entièrement. Laissez cuire à feu moyen à fort pendant 45 min. Attendez que tout refroidisse bien avant d'ouvrir la conserve.
2 Présentez la confiture de lait dans un ramequin ou un bol.

Pâte à tartiner choco-noisettes

1 Dans une casserole au bain-marie, faites fondre le chocolat avec la crème fraîche. Ôtez du feu et ajoutez la poudre de noisettes.
2 Dans une poêle, faites torréfier les noisettes concassées dans la cassonade. Laissez chauffer jusqu'à ce que le mélange caramélise. Ajoutez le tout au chocolat fondu. Laissez refroidir et présentez la pâte à tartiner dans un ramequin ou un bol.

Tartines

1 Servez le caramel au beurre salé, la confiture de lait et la pâte à tartiner choco-noisettes accompagnés de pain frais, de brioches ou de viennoiseries.

Happy Pancakes

Pancakes aux Smarties® et au sirop d'érable

L'idée, c'est de vous faire sourire autant qu'eux pour créer une nouvelle expression : « heureux comme un pancake » !

Ingrédients

pour 10 pancakes :

♥

3 œufs
25 cl de lait
2 cuil. à café de sucre en poudre
175 g de farine
1 sachet de levure chimique
1 cuil. à café de sel
1 petite cuil. à café de bicarbonate de soude
3 cuil. à soupe d'huile de tournesol
40 g de beurre mou

♥

Cuisson et décoration

50 g de beurre pour la poêle
1 sachet de Smarties®
30 cl de sirop d'érable
Quelques fruits frais

Préparation

1 Dans un saladier, fouettez les œufs avec le lait et le sucre. Dans un autre saladier, mélangez la farine avec la levure, le sel et le bicarbonate de soude.

2 Incorporez la farine au mélange œufs-lait-sucre. Mélangez le tout à l'aide d'un batteur électrique. Ajoutez l'huile et le beurre.

Cuisson et décoration

1 Faites chauffer une noisette de beurre dans une grande poêle. Versez-y une petite louche de pâte. Laissez cuire le pancake pendant environ 2 min sur chaque face, en le retournant à mi-cuisson.

2 Placez quelques Smarties® sur le pancake de façon à former un sourire. Répétez l'opération avec le reste de pâte. Dégustez les pancakes avec du sirop d'érable et des fruits frais.

SALOMON

Cupcakes saumon-aneth

Salomon est un parfait cupcake de fête : il est fier comme un saumon et tellement gourmand !

Ingrédients
pour 12 cupcakes :

♥

Base

250 g de farine
½ sachet de levure chimique
4 œufs
25 cl de lait
150 g de beurre demi-sel mou
2 belles tranches de saumon fumé
Quelques brins d'aneth frais
Sel et poivre du moulin

♥

Topping

250 g de cream cheese
Quelques brins d'aneth frais
1 belle tranche de saumon fumé
Poivre du moulin

Préparation

1 Préchauffez le four à 170 °C (th. 5-6). Dans un saladier, mélangez à la main la farine, la levure, un peu de sel et de poivre. Ajoutez les œufs, le lait et le beurre, puis mélangez au batteur électrique pendant environ 5 min (vous pouvez également utiliser un robot ménager).
2 Détaillez les tranches de saumon en petits cubes et ciselez finement l'aneth. Ajoutez le tout à la pâte et mélangez.
3 Disposez des caissettes en papier dans des moules à muffins, puis versez la pâte aux trois quarts. Enfournez les cupcakes pour 25 min de cuisson, puis laissez-les refroidir.

Topping

1 Mélangez le cream cheese avec un peu d'aneth ciselé dans un bol. Poivrez. Transvasez la préparation dans une poche à douille avec un embout en forme d'étoile.
2 Détaillez la tranche de saumon fumé en lamelles.
3 Décorez les cupcakes de cream cheese à l'aneth, puis déposez sur chacun une lamelle de saumon fumé et/ou déposez un brin d'aneth en décoration.
4 Dégustez en entrée avec une salade, ou préparez une version mini-cupcakes pour l'apéro.

Eros

Cupcakes tomate confite et basilic

Eros fait référence à la cuisine italienne. J'apprécie le mélange des cultures. Et entre l'Italie et l'Amérique, c'est une grande histoire d'amour !

Ingrédients

pour 12 cupcakes :

♥

Base

250 g de farine
½ sachet de levure chimique
4 œufs
25 cl de lait
10 cl d'huile d'olive vierge-extra
1 cuil. à soupe de pesto rosso
1 pot de tomates confites
1 petit bouquet de basilic frais
Sel et poivre du moulin

♥

Topping

250 g de cream cheese
1 petit pot de pesto rosso
12 tomates confites
12 feuilles de basilic
Poivre du moulin
1 boule de mozzarella
1 boîte de feta

Préparation

1 Préchauffez le four à 170 °C (th. 5-6). Dans un saladier, mélangez à la main la farine, la levure, un peu de sel et de poivre. Ajoutez les œufs, le lait, l'huile d'olive et le pesto rosso, puis mélangez au batteur électrique pendant environ 5 min (vous pouvez également utiliser un robot ménager).
2 Détaillez les tomates confites en petits cubes et ciselez finement le basilic. Mettez de côté 12 feuilles de basilic et 12 tomates confites pour la décoration. Ajoutez le reste à la pâte et mélangez.
3 Disposez des caissettes en papier dans des moules à muffins, puis versez la pâte aux trois quarts. Enfournez les cupcakes pour 25 min de cuisson, puis laissez-les refroidir.

Topping

1 Mélangez le cream cheese avec un peu de pesto rosso dans un bol. Poivrez. Transvasez la préparation dans une poche à douille avec un embout en forme d'étoile.
2 Décorez les cupcakes de cream cheese au pesto rosso, puis déposez sur chacun une tomate confite et une feuille de basilic.
3 Vous pouvez également ajouter des petits cubes de mozzarella ou de feta.

♪ « I Only Want To Be With You », Dusty Springfield ♪

Rocco

Whoopies parmesan et tapenade

Eh oui ! Un whoopie peut aussi être salé ! En voici une version.

Ingrédients

pour 10 whoopies :

♥

Base

200 g de farine
50 g de parmesan râpé
30 g de poudre de noisettes
150 g de beurre mou
1 œuf

♥

Garniture

200 g de cream cheese
1 cuil. à soupe de tapenade d'olives noires

Préparation

1 Préchauffez le four à 180 °C (th. 6). Dans un saladier, mélangez à la main la farine, le parmesan et la poudre de noisettes. Ajoutez le beurre et l'œuf, puis fouettez vigoureusement.

2 Formez des petites boules avec cette pâte et posez-les sur une plaque de cuisson recouverte de papier sulfurisé. Enfournez pour 20 min de cuisson, puis laissez refroidir.

Garniture et montage

1 Dans un bol, fouettez le cream cheese avec la tapenade. Transvasez dans une poche à douille avec un embout en forme d'étoile.

2 Garnissez la moitié des biscuits de cette préparation puis recouvrez d'un autre biscuit.

3 Vous pouvez décorer les whoopies avec un peu de cream cheese et de tapenade.

Cinnamon buns

Petites brioches à la cannelle

Ma recette de cinnamon roll n'est pas une recette américaine, elle vient de ma maman qui a transmis à ma grande sœur le secret de cette brioche familiale. Lorsque ce secret est arrivé entre mes mains, je n'ai pas pu m'empêcher d'y mettre mon grain de cannelle...

Ingrédients

pour 2 personnes :

♥

Base

600 g de farine
1 cube de 48 g de levure de boulanger
150 g de cassonade
4 œufs entiers + 1 jaune d'œuf
2 cuil. à soupe d'huile
½ cuil. à café de sel
10 cl d'eau tiède

♥

Sirop à la cannelle

25 cl d'eau
2 cuil. à soupe de cannelle
100 g de cassonade
1 cuil. à soupe de sirop d'érable
1 cuil. à café d'extrait de vanille
100 g de noix de pécan concassées

Préparation

1 Dans un saladier, versez la farine et creusez un puits au centre. Délayez la levure de boulanger dans un peu d'eau tiède avec la cassonade. Versez le tout dans le puits de farine. Ajoutez les œufs entiers légèrement battus et mélangez en incorporant progressivement la farine. Ajoutez l'huile, le sel et l'eau tiède. Pétrissez bien le tout.
2 Déposez la pâte ainsi obtenue dans un saladier, puis recouvrez d'un torchon. Laissez reposer pendant 1 h dans un endroit chaud afin de faire lever la pâte.

Sirop à la cannelle

1 Pendant ce temps, préparez le sirop. Faites chauffer l'eau, la cannelle, la cassonade, le sirop d'érable et l'extrait de vanille dans une casserole, tout en fouettant jusqu'à ce que le mélange caramélise et épaississe.
2 Ajoutez les noix de pécan concassées hors du feu.

Cuisson

1 Préchauffez le four à 200 °C (th. 6-7). Divisez la pâte en petites boules de 10 cm de diamètre, puis formez des boudins. Nappez la face intérieure de sirop à la cannelle, puis roulez les boudins en forme d'escargot.
2 Disposez les brioches sur une plaque de cuisson recouverte de papier sulfurisé. À l'aide d'un pinceau de cuisine, étalez sur la surface de chaque brioche un peu de jaune d'œuf battu. Enfournez pour 20 min de cuisson. Sortez du four et laissez refroidir.

GRANOLA

Granola maison

Le granola est un petit déjeuner parfait. Avec son produit laitier, ses céréales et ses fruits, il est bien équilibré, en plus d'être très bon. Voici ma version.

Ingrédients

pour 2 personnes :

♥

25 g de cassonade
100 g de flocons d'avoine
Quelques amandes, noisettes, pistaches et abricots secs
1 petit pot de fromage blanc demi-écrémé (250 g)
15 ml de sirop d'érable
15 g de beurre demi-sel

Les fruits frais de votre choix : bananes, fraises ou autres fruits rouges, ananas, fruits de la passion, etc.

Préparation

1 Dans une poêle, faites chauffer une noisette de beurre avec la cassonade et les flocons d'avoine. Ajoutez-y les fruits secs de votre choix (gardez-en pour la décoration) et laissez le tout caraméliser.

Présentation

1 Versez 3 cuil. à soupe de fromage blanc dans deux bols. Nappez de sirop d'érable. Ajoutez le mélange de céréales et de fruits secs encore un peu tiède. Déposez les fruits frais de votre choix et parsemez des fruits secs mis de côté préalablement.

2 Vous pouvez remplacer le sirop d'érable par du miel liquide.

♪ « Chloe », Duke Ellington ♪

DUKE

Cupcakes allégés aux courgettes et à la ricotta

Ce cupcake, c'est un peu moi. Non pas que je sois addict au régime (en général, je tiens un régime jusqu'à midi), mais parce que mon prénom vient de la chanson « Chloe » de Duke Ellington.

Ingrédients

pour 15 cupcakes :

♥

Cake

250 g de farine
½ sachet de levure chimique
4 œufs
25 cl de lait
100 g de beurre demi-sel mou
125 g de ricotta
2 belles courgettes
1 bouquet de basilic frais
Sel et poivre du moulin

♥

Topping

300 g de ricotta
1 tomate
8 tomates cerise
15 feuilles de basilic
Quelques graines de sésame noir
Poivre

Préparation

1 Préchauffez le four à 170 °C (th. 5-6). Dans un saladier, mélangez à la main la farine avec la levure, un peu de sel et de poivre. Ajoutez les œufs, le lait, le beurre et un demi-pot de ricotta. Travaillez le tout pendant environ 5 min au batteur électrique (vous pouvez également utiliser un robot ménager).

2 Lavez et détaillez les courgettes en petits morceaux. Faites-les revenir dans une poêle antiadhésive avec le basilic ciselé (gardez 15 feuilles pour la décoration). Laissez refroidir et ajoutez à la pâte.

3 Disposez des caissettes en papier dans des moules à muffins, puis versez la pâte aux trois quarts. Enfournez les cupcakes pour 25 min de cuisson, puis laissez-les refroidir.

Topping

1 Dans un saladier, mélangez la ricotta avec un peu de poivre. Coupez la tomate en tout petits cubes et mélangez-les à la ricotta. Transvasez le tout dans une poche à douille avec un large embout en forme d'étoile.

2 Décorez les cupcakes de cette préparation, puis ajoutez sur le dessus de chaque cupcake ½ tomate cerise et 1 feuille de basilic. Parsemez de graines de sésame.

3 Dégustez avec une salade de mesclun pour un déjeuner équilibré grâce à la courgette qui apporte si peu de calories pour un si grand volume !

« Save Your Kisses For Me », Brotherhood of Man ♪

KISS

Cupcakes roquefort, poire et noix

Pourquoi ce cupcake s'appelle-t-il Kiss ? Parce qu'il rock fort ! Ok, ok, je sors ! Mais avant, je vous donne la recette.

Ingrédients

pour 12 cupcakes :

♥

Cake

250 g de farine
½ sachet de levure chimique
4 œufs
125 g de beurre demi-sel mou
25 cl de lait
125 g de roquefort
1 poire
Quelques cerneaux de noix
Sel et poivre du moulin

♥

Topping

250 g de cream cheese
Quelques cerneaux de noix
1 paquet de chips de pomme de terre vitelotte

Préparation

1. Préchauffez le four à 170 °C (th. 5-6). Dans un saladier, mélangez à la main la farine avec la levure, du sel et du poivre. Ajoutez les œufs, le beurre et le lait. Mélangez le tout pendant 5 min au batteur électrique ou dans un robot ménager.
2. Détaillez la moitié du roquefort en petits dés. Épluchez et coupez la poire en petits dés également. Concassez quelques cerneaux de noix (mettez-en de côté pour la décoration). Ajoutez le tout à la pâte. Mélangez.
3. Disposez de jolies caissettes en papier dans des moules à muffins. Versez-y la pâte aux trois quarts. Enfournez pour 25 min de cuisson, puis laissez refroidir.

Topping

1. Dans un bol, mélangez le cream cheese avec le roquefort restant. Transvasez le mélange dans une poche à douille avec un embout en forme d'étoile.
2. Garnissez-en les cupcakes puis décorez-les avec des cerneaux de noix et des chips de pomme de terre vitelotte.

94 96 98 100 102 104
106
108
MHz
x10kHz
54
70
60
PROGRAM
SHUFFLE
REPEAT
DISPLAY
REPEAT

STEREO
94 96 98 100 102 104 106
108
MHz
54
70 60
PROGRAM
SHUFFLE
REPEAT
REPEAT

Les recettes avec Jean-François Piège

Un jour, une cliente m'aborde à la cupcakerie en me disant : « Je vous ai découverte grâce à Jean-François Piège. » Puis une autre me dit la même chose... Mes talons aiguilles on failli défaillir ! Je suis totalement fan de la cuisine de ce grand chef ! J'ai ensuite eu la chance de le rencontrer autour d'un thé et d'une boîte de cupcakes. Je lui ai proposé de participer à mon livre... et il a accepté ! Voici donc ses versions du cupcake.

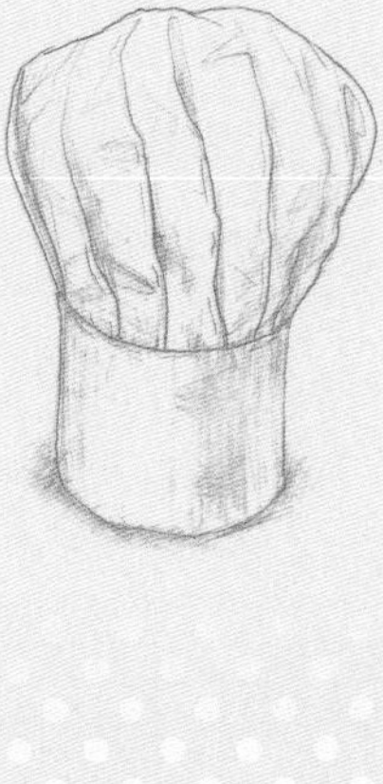

Mon Élodie

Cupcakes façon religieuse au caramel

Ingrédients

pour 8 cupcakes

♥

Pâte à crumble

60 g de beurre
75 g de farine
65 g de cassonade

♥

Pâte à choux

60 g de lait
2 g de sel
60 g d'eau
3 g de sucre en poudre
55 g de beurre
65 g de farine
2 œufs

♥

Crème pâtissière au caramel

290 g de lait
120 g de sucre semoule
100 g de crème fleurette
4 jaunes d'œufs
30 g d'amidon de maïs (Maïzena)
20 g de beurre

♥

Tuile croquante

45 g de beurre
45 g de jus d'orange (environ 2 oranges)
110 g de sucre glace
45 g de farine

Pâte à crumble

1 Dans un saladier, mélangez l'ensemble des ingrédients afin d'obtenir une pâte. Étalez celle-ci entre deux feuilles de papier sulfurisé sur une fine épaisseur (1 mm) et réservez au réfrigérateur.

2 Une fois la pâte refroidie, détaillez 8 cercles de 3,5 cm de diamètre et 8 cercles de 2,5 cm de diamètre à l'aide d'emporte-pièce. Mettez de côté au réfrigérateur.

Pâte à choux

1 Assemblez le lait, le sel, l'eau, le sucre et le beurre dans une casserole. Portez le tout à ébullition. Hors du feu, ajoutez la farine et remuez avec une spatule afin de dessécher la pâte à choux. Ajoutez alors les œufs un à un et travaillez l'ensemble à la spatule pour obtenir une pâte homogène.

2 Une fois la pâte à choux terminée, étalez la moitié de la quantité de pâte dans un cadre en Inox de 15 cm de côté sur une épaisseur de 1,5 cm. Laissez prendre au congélateur.

3 Avec l'autre partie de la pâte, confectionnez 8 petits choux de 2,5 cm de diamètre à l'aide d'une poche à douille unie (10 mm de diamètre). Laissez prendre au congélateur.

4 Détaillez le cadre de pâte à choux refroidi en 8 cercles de 3,5 cm de diamètre à l'aide d'un emporte-pièce. Disposez chaque cercle dans le fond d'un moule à muffin de 5 cm de diamètre. Déposez immédiatement un grand disque de pâte à crumble (3,5 cm).

5 Déposez également les petits disques de pâte à crumble (2,5 cm) sur chacun des choux refroidis. Placez l'ensemble des éléments sur une plaque de cuisson recouverte de papier sulfurisé et enfournez à 180 °C (th. 6) pour 25 min de cuisson.

Crème pâtissière au caramel

1 Dans une casserole, faites chauffer le lait avec 40 g de sucre et la crème fleurette. Pendant ce temps, faites un caramel en faisant chauffer le sucre restant dans une casserole. Ajoutez alors le mélange chaud de lait, sucre et crème. Une fois le mélange homogène, laissez bouillir puis ajoutez les jaunes d'œufs et l'amidon préalablement mélangés.

2 Mélangez le tout jusqu'à obtention de la consistance d'une crème pâtissière. Ajoutez alors le beurre puis mélangez et réservez au réfrigérateur.

Tuile croquante

1 Faites fondre le beurre puis ajoutez le jus d'orange. Mélangez et ajoutez le sucre glace et la farine. Mélangez jusqu'à obtention d'une pâte. Étalez celle-ci sur une feuille de papier sulfurisé, sur une fine épaisseur. Réservez au réfrigérateur pendant 10 min. Enfournez à 180 °C (th. 6) pour 8 min de cuisson. À la sortie du four, détaillez des cercles de 5 cm de diamètre à l'aide d'un emporte-pièce.

Dressage

1 Détendez la crème pâtissière en la remuant un peu, puis garnissez-en les choux. Déposez sur chacun des gros choux une tuile croquante et finissez avec les petits choux.

♪ « Ain't No Mountain High Enough », Diana Ross ♪

Minnie

Cupcakes façon tarte Tatin

Ingrédients

pour 8 cupcakes

♥

Pommes

4 pommes
130 g de beurre
125 g de sucre en poudre

♥

Pâte sablée

90 g de farine
1 g de sel
50 g de beurre
35 g de sucre glace
10 g de poudre d'amandes
1 jaune d'œuf

♥

Crème vanille

1 gousse de vanille
200 g de crème fleurette
30 g de sucre glace
50 g de mascarpone

♥

Tuiles de caramel

150 g de sucre en poudre

Pommes

Préchauffez le four à 180 °C (th. 6). Épluchez les pommes et coupez-les en cubes. Déposez-les dans un plat allant au four, ajoutez le beurre coupé en morceaux et le sucre. Enfournez pour 1 h de cuisson puis sortez du four.

Pâte sablée

1 À l'aide d'un robot ménager ou à la main, mélangez la farine, le sel, le beurre, le sucre glace et la poudre d'amandes pour former un sablage. Ajoutez le jaune d'œuf pour lier progressivement la pâte. Réservez au réfrigérateur pendant 1 h.

2 Une fois la pâte refroidie, étalez-la au rouleau à pâtisserie sur une épaisseur de 4 mm. Détaillez des disques de 7 cm de diamètre à l'aide d'un emporte-pièce.

Crème vanille

1 Fendez la gousse de vanille en deux et grattez l'intérieur pour en récupérer les graines. Dans un saladier, montez en chantilly la crème fleurette, le sucre glace et les graines de vanille en battant vivement à l'aide d'un batteur électrique.

2 Ajoutez le mascarpone et placez au réfrigérateur.

Tuiles de caramel

1 Versez le sucre petit à petit dans une casserole à feu moyen pour former un caramel à sec. Une fois le caramel bien coloré, versez sur une feuille de papier sulfurisé et laissez refroidir.

2 Mixez au Thermomix afin d'obtenir une poudre. Tamisez sur des pochoirs de 4 cm de diamètre et passez au four quelques secondes.

Dressage

1 Disposez 60 g de pommes cuites par moule à muffin et tassez. Déposez le cercle de pâte sablée par-dessus et enfournez pour 25 min de cuisson. Laissez refroidir.

2 Démoulez et ajoutez deux points de crème vanille ainsi que les cercles de caramel.

Table des matières

Les bonnes adresses

Pour le matériel de pâtisserie :
Mora
13, rue Montmartre
75001 Paris
www.mora.fr

Pour de merveilleux plats de présentation et décorations de table :
Etsy
www.etsy.com

Pour de jolis tabliers de pin-up :
Madame Choup
22, rue Norvins
75018 Paris
www.madamechoup.com (vente en ligne)
C'est grâce à cette jeune styliste que le tablier Chloé.S en vente à la cupcakerie a vu le jour.

Pour la pâte à sucre, les colorants, les ustensiles :
Cerf-Dellier
13, rue Étienne-Froissart
BP 126
62303 Lens Cedex
www.cerfdellier.com (vente en ligne)

Pour dénicher les ingrédients de pâtisserie introuvables :
Gdetou
58, rue Tiquetonne
75002 Paris

Et, bien sûr, les Cupcakeries de Chloe.S pour des décors, brunchs, goûters et cours de cupcakes :
40, rue Jean-Baptiste Pigalle
75009 Paris
01 48 78 12 65
et
47, avenue Trudaine
75009 Paris

www.cakechloes.com

Remerciements

Merci à Betty, Aurélie, Robert, Shalom, Scarlett, les Bitbol, Élodie Tavarès-Piège, Élodie Motte, Anne-Marie Pécoraro, Claire Deville, Florane Clouet, Brigitte Éveno, Stéphanie Biteau, Ilan Teboul, Patisse, Luminarc, Kitchenaid, Scrapcooking, Home by Asa et Sabre pour leur soutien.

Merci aussi à tous les cupcakiffeurs. Sans vous, ce livre n'aurait jamais vu le jour.

Crédits photographiques :
© Zoé Kovacs : p.93
© Chloé Bonnard : couverture et p.8
© Nicolas Menu : p. 92

Pour l'éditeur, le principe est d'utiliser des papiers composés de fibres naturelles, renouvelables, recyclables et fabriquées à partir de bois issus de forêts qui adoptent un système d'aménagement durable. En outre, l'éditeur attend de ses fournisseurs de papier qu'ils s'inscrivent dans une démarche de certification environnementale reconnue.

Direction : Catherine Saunier-Talec
Responsable éditoriale : Anne la Fay
Édition : Juliette Spiteri assistée de Emmanuelle Michon
Conception intérieure et couverture : Chloé Saada avec l'aide de Seyrane Boulekbache
Illustrations : Seyrane Boulekbache
Stylisme : Chloé Saada et AnneCé Bretin
Maquette : Nicolas Galy pour www.noook.fr
Préparation de copie et relecture : Nelly Mégret et Mélanie Rebillaud
Fabrication : Amélie Latsch
Partenariats : Sophie Morier au 01 43 92 36 82

Edité par Hachette Livre (43, quai de Grenelle, 75905 Paris Cedex 15)
Imprimé en juillet 2013, en Espagne par Cayfosa (Impresia Ibérica)
23-27-8313-03-1
ISBN : 978-2-01-238313-5
Dépôt légal : mars 2012